Le cœur et le sang

Steve Parker – Louis Morzac

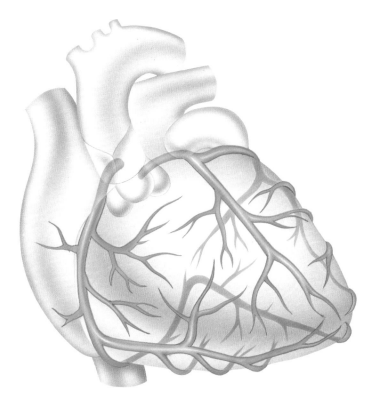

ÉDITIONS GAMMA
LES ÉDITIONS ÉCOLE ACTIVE

Les mots en caractères gras sont repris dans le glossaire.

L'édition originale de cet ouvrage
a paru sous le titre : *The Heart and Blood*
Copyright © Franklin Watts, 1989
96, Leonard Street, London EC2A 4RH

Adaptation française de Louis Morzac
Copyright © Éditions Gamma, Tournai, 1992
D/1992/0195/5
ISBN 2-7130-1266-X
(édition originale: ISBN 086313 862 4)

Exclusivité au Canada:
Les Éditions École Active,
2244, rue Rouen, Montréal H2K 1L5
Dépôts légaux, 1er trimestre 1992
Bibliothèque nationale du Québec
Bibliothèque nationale du Canada
ISBN 2-89069-296-5

Imprimé en Belgique

Origine des photographies: Chris Fairclough 34, 41; Camilla Jessel 12;
Science Photo Library: Couverture, 7, 14, 15, 17, 22, 24, 27, 28, 33, 39, 45
(en haut), 45 (en bas); John Watney 18; ZEFA 8.

RR20. 052+

Sommaire

Introduction

Que vous soyez en pleine course, assis pour vous reposer, endormi, un élément de votre organisme ne chôme jamais: c'est le cœur, un organe essentiellement musculaire, de la taille du poing, logé dans la poitrine. Ce muscle est subdivisé en quatre cavités contenant du sang. Plus d'une fois par seconde, inlassablement tout au long de la vie, ces chambres cardiaques se contractent et produisent ces battements caractéristiques comparables au tic-tac d'une horloge, et appelés les battements de cœur.

Le cœur est une pompe. En se contractant, celle-ci force le sang à travers un réseau de canalisations appelées vaisseaux sanguins, qui se ramifie à travers tout le corps. Le cœur pompe sans cesse le même sang dans l'organisme. Cœur et vaisseaux sanguins constituent le système circulatoire.

En parcourant l'organisme, le sang y remplit des fonctions nombreuses et importantes. Il fournit de l'oxygène et les éléments nutritifs nécessaires à des millions de cellules, et les débarrasse des résidus produits par les processus vitaux. Le sang transporte et distribue aussi des composés chimiques appelés **hormones,** chargées de coordonner la croissance, le développement et les activités internes du corps humain. Il combat la maladie, répand la chaleur dans le corps et répare les blessures.

Le sang circule en permanence de façon à combler sans interruption les besoins vitaux des cellules, notamment en oxygène. Dépourvues d'oxygène, les cellules meurent en quelques minutes. Le cœur assure la circulation sanguine. S'il cesse de battre, l'organisme meurt.

Sang et cœur

- Un adulte moyen possède environ 5 litres de sang.
- Le sang représente à peu près 1/13 du poids du corps.
- Le cœur d'un adulte pèse de 250 à 300 gr.
- Au repos, chaque battement de cœur correspond à l'envoi de 70 millilitres de sang dans l'organisme.
- Le pouls moyen au repos est de 70 pulsations/minute, ce qui signifie que l'entièreté du sang parcourt l'organisme en 1 minute environ.
- Au cours d'exercices énergiques, le cœur peut pomper 6 à 8 fois plus de sang qu'au repos.

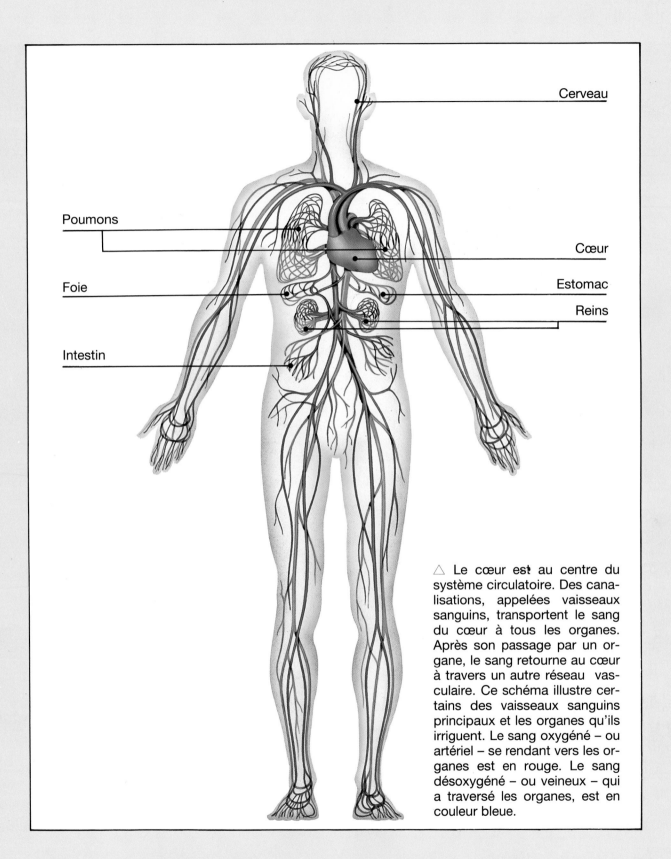

Cerveau

Poumons

Cœur

Foie

Estomac

Reins

Intestin

△ Le cœur est au centre du système circulatoire. Des canalisations, appelées vaisseaux sanguins, transportent le sang du cœur à tous les organes. Après son passage par un organe, le sang retourne au cœur à travers un autre réseau vasculaire. Ce schéma illustre certains des vaisseaux sanguins principaux et les organes qu'ils irriguent. Le sang oxygéné – ou artériel – se rendant vers les organes est en rouge. Le sang désoxygéné – ou veineux – qui a traversé les organes, est en couleur bleue.

5

Le système circulatoire

Le sang effectue un double circuit à travers le corps. Il passe par les poumons, retourne au cœur, d'où il est envoyé à travers l'organisme avant de retourner au cœur puis de recommencer inlassablement son parcours.

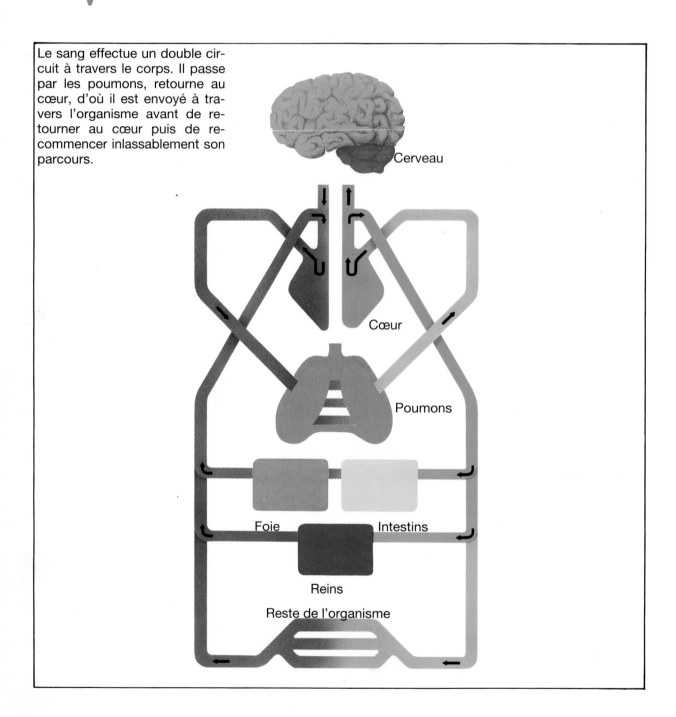

Cerveau

Cœur

Poumons

Foie

Intestins

Reins

Reste de l'organisme

Les vaisseaux sanguins sont de trois types principaux : les **artères**, les **capillaires** et les **veines**. Les artères sont les grands vaisseaux qui viennent du cœur, charrient du sang oxygéné, atteignent les organes et s'y divisent en vaisseaux de plus en plus minces jusqu'à devenir microscopiques : les capillaires. Ceux-ci confluent pour former progressivement des vaisseaux plus larges, appelés veines, qui ramènent au cœur le sang désoxygéné.

Le cœur est en fait constitué de deux pompes accolées. Le circuit sanguin à travers l'organisme ressemble à un 8. Partant du côté droit du cœur, le sang est envoyé aux poumons par des artères. Dans les capillaires pulmonaires, il se charge d'oxygène et devient rouge vif. Il retourne ensuite au côté gauche du cœur par des veines, puis il est chassé du cœur par d'autres artères pour s'en aller irriguer tous les organes. Dans les capillaires de ces organes, le sang distribue aux cellules l'oxygène et d'autres éléments nutritifs dont il est porteur. Puis, il se charge des déchets de l'organisme, devient plus foncé et regagne le côté droit du cœur par le réseau veineux.

▽ Vue d'artiste de cellules sanguines circulant dans une artériole. Les cellules rouges toroïdales sont des globules rouges ou **érythrocytes** qui transportent l'oxygène à travers l'organisme. Les petites taches blanchâtres sont les plaquettes sanguines ou **thrombocytes** qui interviennent dans la formation de caillots et contribuent également à la réparation de dommages occasionnés à l'endothélium, cette fine lame de tissus constituée d'une seule couche de cellules qui tapisse l'intérieur des vaisseaux et du cœur et dont l'assemblage et la forme évoquent un carrelage de céramique.

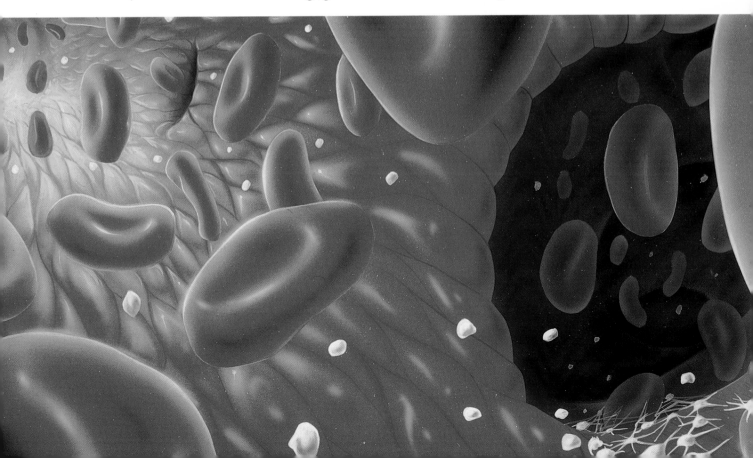

L'intérieur du cœur

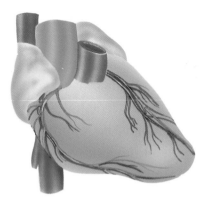

△ Cœur humain vu de face. On y voit les vaisseaux principaux transportant le sang des cavités et vers elles.

Le cœur est situé dans la partie antérieure de la poitrine, tout juste derrière les côtes. Il est entouré par une membrane constituée par un feuillet fibreux extérieur et une séreuse, fine membrane de tissu conjonctif. Le **péricarde** a un rôle lubrificateur et facilite les battements. 2/3 environ du cœur sont situés à gauche de la ligne médio-sternale.

Plus de la moitié de la masse cardiaque est musculaire. Le **muscle cardiaque**, ou myocarde, est un muscle lisse. De nombreux autres muscles, tels que ceux des bras et des jambes, sont sujets à la fatigue à la suite d'efforts violents ou prolongés, et doivent se reposer. Le muscle cardiaque ne se fatigue jamais.

▷ L'échographie du cœur permet d'obtenir une «image sonore» du cœur tout comme l'échographie habituelle permet de visualiser le fœtus pendant la grossesse. L'opérateur dirige un faisceau d'ultrasons vers l'intérieur de la poitrine. Un capteur reçoit les échos renvoyés par les organes pectoraux et un ordinateur traite ces informations pour en permettre la visualisation sur un écran. Cet examen est indolore et l'écran permet de voir des images «vivantes» du cœur qui bat.

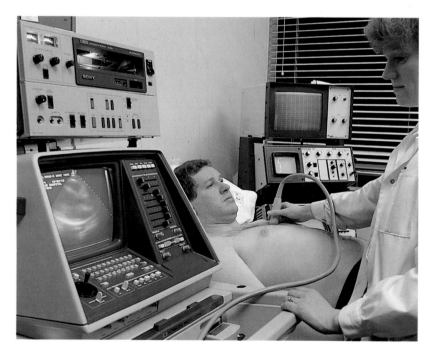

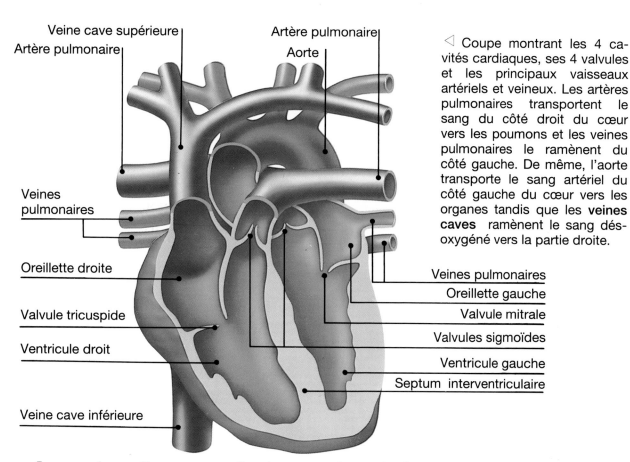

Veine cave supérieure
Artère pulmonaire
Artère pulmonaire
Aorte
Veines pulmonaires
Oreillette droite
Valvule tricuspide
Ventricule droit
Veine cave inférieure

Veines pulmonaires
Oreillette gauche
Valvule mitrale
Valvules sigmoïdes
Ventricule gauche
Septum interventriculaire

◁ Coupe montrant les 4 cavités cardiaques, ses 4 valvules et les principaux vaisseaux artériels et veineux. Les artères pulmonaires transportent le sang du côté droit du cœur vers les poumons et les veines pulmonaires le ramènent du côté gauche. De même, l'aorte transporte le sang artériel du côté gauche du cœur vers les organes tandis que les **veines caves** ramènent le sang désoxygéné vers la partie droite.

Le muscle cardiaque est renforcé par un réseau de fibres résistantes qui lui confèrent une certaine rigidité tout en lui permettant de se déformer pour se contracter et chasser le sang.

Chaque côté du cœur est subdivisé en deux cavités : la cavité supérieure est l'**oreillette,** pourvue d'une paroi mince. Elle accueille le sang veineux qui revient au cœur. Sa base est munie d'une valvule à sens unique, qui autorise la circulation du sang de l'oreillette vers le ventricule, mais pas l'inverse, donnant ainsi l'assurance que le sang parcourt le système dans le bon sens.

La cavité inférieure, ou **ventricule**, est pourvue d'une paroi musculaire épaisse, qui peut se contracter avec force pour envoyer le sang du cœur dans les artères. L'orifice de sortie du ventricule est muni d'un jeu de trois valvules dites sigmoïdes, qui le ferment après la contraction ventriculaire et empêchent le sang passé dans l'artère de refluer dans le ventricule.

▽ Coupe de la jonction de l'**aorte** et du cœur (l'aorte a été divisée suivant son axe à sa partie antérieure et développée). On voit les trois valvules sigmoïdes de l'orifice aortique. Normalement ces valvules s'épousent étroitement pour empêcher le reflux du sang vers le ventricule.

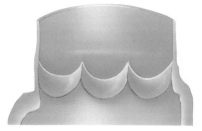

9

Le cycle cardiaque

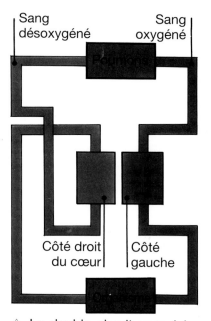

Sang désoxygéné · Sang oxygéné · Poumons · Côté droit du cœur · Côté gauche

△ Le double circuit vasculaire au centre duquel se trouve le cœur.

Il est fondamental que le sang régénéré soit envoyé directement vers les organes sans être mélangé à du sang désoxygéné. En effet, l'oxygène (O_2) fixé sur l'hémoglobine du sang est nécessaire en permanence à la vie des cellules de l'organisme.

Le sang désoxygéné, charrié par les veines, est chargé d'une importante quantité de **dioxyde de carbone** (CO_2), résidu de l'activité des cellules, qu'il collecte dans les capillaires à mesure de sa circulation dans les organes. Le sang désoxygéné et chargé de CO_2 doit être envoyé aux poumons pour s'y régénérer en y laissant le CO_2 et en se chargeant d'O_2. Les poumons s'oxygènent par inspiration d'air et évacuent le CO_2 par expiration. Il y a donc au niveau pulmonaire un échange de gaz.

Le cœur est un muscle creux dont les parties gauche et droite sont complètement séparées par un feuillet muscu-

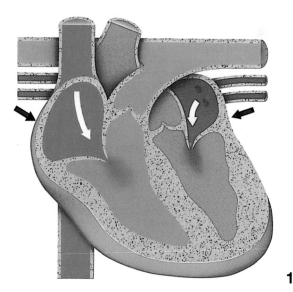

1

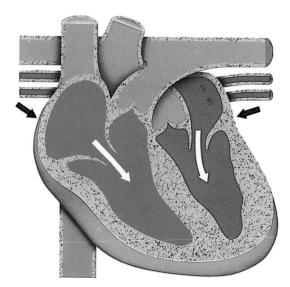

2

laire appelé **septum**. Au départ du cœur, le sang emprunte donc successivement deux circuits. Le circuit de grande circulation, ou circulation systémique, est celui où le sang oxygéné part du ventricule gauche, est distribué à tous les organes par l'aorte et revient désoxygéné à l'oreillette droite par la veine cave inférieure puis supérieure. Le circuit de petite circulation, ou circulation pulmonaire, est celui où le sang désoxygéné quitte le ventricule droit par l'artère pulmonaire, est oxygéné au niveau des poumons et revient par les veines pulmonaires à l'oreillette gauche.

À chaque battement de cœur, les différentes cavités se contractent à des instants légèrement différents; mais ces contractions sont coordonnées de façon à assurer un flux régulier d'une partie du cœur vers la suivante (page 14). Le bruit des battements que l'on peut entendre est celui de la fermeture des valvules après le passage du sang.

▽ Les 4 stades d'un battement de cœur durent au total moins d'une seconde.
1 Le sang régénéré (rouge vermeil) pénètre dans l'oreillette gauche et le sang désoxygéné (en bleu) passe dans l'oreillette droite.
2 Le sang passe des oreillettes aux ventricules par des valvules. Les valvules sigmoïdes situées à la sortie des ventricules se ferment de façon à empêcher leur envahissement par le sang artériel.
3 Les ventricules commencent à se contracter, fermant les valvules auriculo-ventriculaires et empêchant le reflux du sang vers les oreillettes.
4 Les ventricules se contractent complètement; le sang force les valvules sigmoïdes à s'ouvrir et est expulsé dans les artères principales.

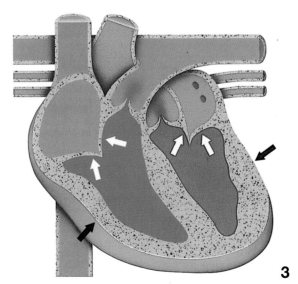

3

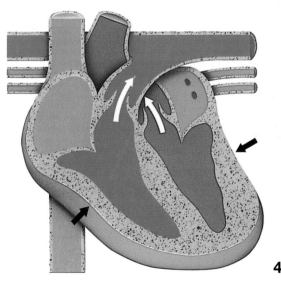

4

Les pulsations cardiaques et le pouls

△ Occupé à écrire, cet enfant remarque à peine qu'une infirmière lui prend le pouls. L'œil rivé à sa montre, elle compte le nombre de pulsations pendant un temps déterminé. Simultanément, un thermomètre dans la bouche permet de vérifier la température de l'enfant. De simples vérifications de routine comme celles-ci permettent de distinguer les signes annonciateurs d'une maladie tout autant que la rapidité d'une convalescence

Au cours d'une pulsation cardiaque, chaque contraction du ventricule éjecte avec force un flot de sang dans les artères. Puis, tandis que le ventricule se relâche et se remplit avant le battement suivant, le flux sanguin ralentit. Ces battements du sang provoquent un léger élargissement des parois artérielles souples. Ces ondes successives de pression se propagent tout au long des artères, telles les rides causées à la surface d'une eau calme par la chute d'une pierre.

Ces ondes de pression se propagent dans toutes les artères principales, mais elles sont plus perceptibles au toucher au voisinage des artères superficielles, tout juste sous la peau. De tels endroits sont, par exemple, l'un des côtés du cou, la face postérieure du genou et interne du poignet. Les pulsations d'une artère s'appellent le pouls. Au poignet, chaque pulsation correspond à une onde de pression engendrée par la contraction du ventricule gauche et circulant le long de l'artère, à travers la poitrine, l'épaule et le bras jusqu'au poignet.

Le nombre de battements des artères par minute est la fréquence du pouls. Elle est égale au nombre de pulsations cardiaques dans le même temps. Le pouls moyen a environ 70 pulsations par minute. Chez le nouveau-né, ce chiffre avoisine 120, puis il décroît à mesure que l'enfant grandit.

Au cours d'un exercice exténuant, ce chiffre peut dépasser 150, parce que l'effort musculaire accru requiert un supplément d'oxygène. Le cœur doit pomper à un rythme accéléré pour satisfaire à la demande.

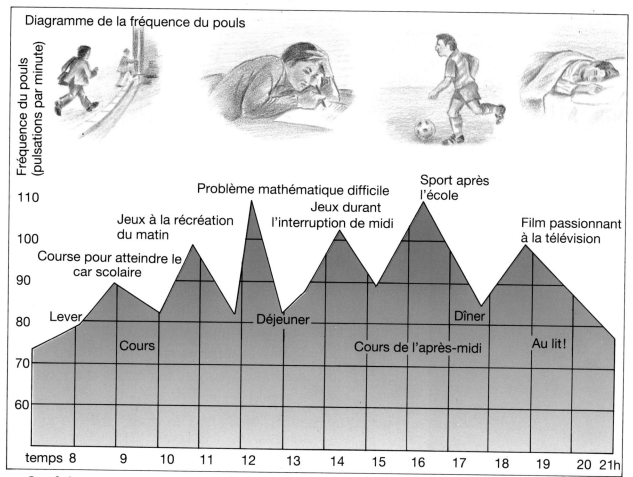

Diagramme de la fréquence du pouls

Fréquence du pouls (pulsations par minute)

Problème mathématique difficile

Sport après l'école

Jeux à la récréation du matin

Jeux durant l'interruption de midi

Film passionnant à la télévision

Course pour atteindre le car scolaire

110

100

90

80 Lever

70

60

Cours

Déjeuner

Cours de l'après-midi

Dîner

Au lit!

temps 8   9   10   11   12   13   14   15   16   17   18   19   20 21h

La fréquence du pouls peut être un indice de la forme physique d'un individu. Des exercices appropriés provoquent l'accélération du rythme cardiaque et tonifient le cœur qui est obligé de travailler davantage pour ravitailler les muscles – y compris lui-même – en oxygène. Le cœur d'une personne inactive tend à battre plus rapidement que la moyenne, au repos. À chaque battement, il pompe aussi moins de sang. Moyennant un programme d'entraînement adéquat, le pouls au repos devrait progressivement ralentir, et le cœur reprendrait plus rapidement un rythme normal après un effort. Le cœur d'un individu en pleine forme bat souvent au repos à une fréquence inférieure à la moyenne. Certains sportifs de haut niveau peuvent avoir un pouls de 60 voire 50 battements par minute, alors que la moyenne est de 70.

△ Ce diagramme de pure fiction montre les variations du pouls au cours d'une journée normale. Quand l'organisme est détendu et peu actif, comme durant les cours, la fréquence diminue. En période d'activité ou d'excitation, comme la pratique d'un sport ou le spectacle d'un film d'aventure passionnant, le cœur bat plus vite et pompe à un rythme accéléré.

Réglage du rythme cardiaque

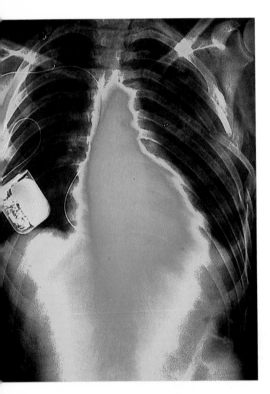

△ Cette radiographie fait apparaître un stimulateur cardiaque artificiel dans la poitrine d'un patient. (Il est coloré en jaune électroniquement pour le rendre plus distinct.) L'appareil est situé à gauche ; on y distingue sa batterie et les circuits imprimés qui le composent. Une longue boucle de fil relie l'appareil au cœur (en bleu au centre).

La plupart des muscles de l'organisme sont contrôlés par de petites décharges électriques appelées signaux nerveux. Un signal nerveux envoyé par le cerveau parcourt une fibre nerveuse et atteint les fibres musculaires dont il provoque la contraction. Le cœur est essentiellement un muscle, mais il est muni d'un mécanisme automatique autonome, indépendant du système nerveux central, qui le fait battre à un rythme régulier : c'est un stimulateur naturel appelé le nœud sinusal cardiaque. Le rythme sinusal et la force des battements sont modifiés par l'influx nerveux cérébral et par des hormones transportées par le sang.

Le nœud sinusal situé dans la paroi postérieure de l'oreillette droite est composé de cellules nodales « automatiques » car elles peuvent se dépolariser spontanément et produire des potentiels d'action sans être excitées par l'extérieur. Ces potentiels d'action, qui prennent naissance à leur niveau, sont transmis à intervalles d'environ une seconde sous forme de décharges électriques aux cellules auriculaires et ventriculaires dont ils initient la contraction. Les oreillettes se contractent du sommet vers la base, propulsant ainsi le sang dans les ventricules correspondants.

Si l'action des signaux électriques se propageait des oreillettes aux ventricules, elle provoquerait également la contraction de ceux-ci du haut vers le bas. Mais cela comprimerait le sang vers le fond des ventricules au lieu de l'expulser dans les artères. Pour éviter ce disfonctionnement, un deuxième jeu de cellules nodales, le nœud auriculo-ventriculaire, situé à la limite des oreillettes et des ventricules, au centre du cœur, agit comme un relais.

Le nœud auriculo-ventriculaire détecte les impulsions électriques émises par le nœud sinusal et les envoie à la pointe des ventricules par un réseau de fibres nerveuses situé dans leur paroi (faisceau de His et fibres de Purkinje). La contraction des ventricules s'effectue dans la bonne direction : elle remonte de la pointe du cœur vers la partie supérieure de ces cavités et facilite l'expulsion du sang dans l'artère pulmonaire et l'aorte.

Les signaux électriques qui initient et coordonnent les battements de cœur n'y demeurent pas. Le corps humain est un excellent conducteur et l'activité électrique de l'ensemble des cellules cardiaques engendre des courants électriques qu'on peut détecter à l'aide d'électrodes fixées à la peau et reliées à un appareil appelé électrocardiographe. L'enregistrement des varations de potentiel électrique au cours du temps constitue l'**électrocardiogramme** (ECG). Celui-ci peut être imprimé ou apparaître sur un écran.

▽ Traitement d'urgence d'une victime d'une crise cardiaque. À l'avant plan, l'infirmière applique sur la poitrine du patient les deux grandes électrodes d'un défibrillateur. Une décharge électrique est générée et passe d'une électrode à l'autre à travers le cœur dans le but d'en initier des contractions régulières. Le masque facial fournit de l'oxygène de façon à oxygéner le sang au maximum.

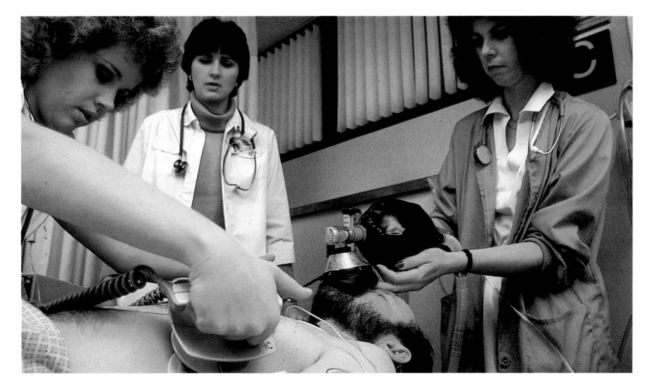

Circulation du sang artériel

▽ **1** Chaque pulsation cardiaque propulse un jet de sang dans l'aorte par les valvules sigmoïdes. La pression provoque la dilatation de l'artère.
2 À mesure de la progression de l'onde de pression au long de l'artère, la tunique située en amont reprend sa forme normale et, simultanément, fournit au sang une poussée supplémentaire. Cette remise en forme de l'aorte ferme les valvules sigmoïdes, ce qui empêche le reflux du sang vers le cœur.

Les artères sont les vaisseaux qui éloignent le sang du cœur. Elles sont élastiques, aux parois épaisses, capables de résister à la pression du sang provoquée par les battements de cœur à chaque contraction ventriculaire.

Le ventricule gauche expulse le sang à travers l'aorte, l'artère la plus large, d'un diamètre d'environ 3 cm qui amorce une voûte à la partie supérieure du cœur (crosse de l'aorte), s'incline ensuite vers la gauche, puis descend en formant une boucle derrière le cœur avant de se diviser dans l'abdomen. Lorsque le ventricule gauche se contracte, le sang gicle dans l'aorte avec force à la vitesse de 40 centimètres/seconde. Sur toute sa longueur,

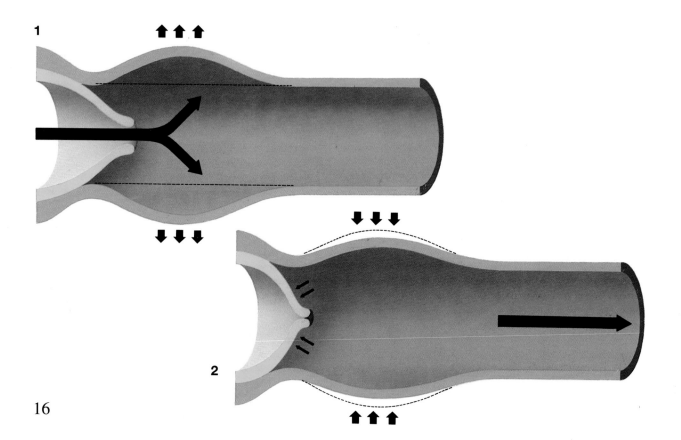

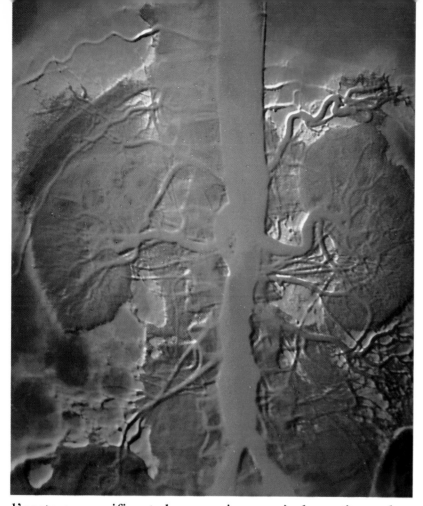

l'aorte se ramifie et donne naissance à des artères plus étroites qui transportent le sang vers les organes. La pression et la vitesse du sang diminuent à mesure de leur ramification et de la réduction de leur section.

La paroi artérielle se compose de plusieurs tuniques. La tunique interne est l'endothélium, une membrane lis-se et imperméable au sang. La tunique externe est une membrane résistante et fibreuse, mais élastique. La tuni-que intermédiaire est en fait une couche musculaire.

À chaque battement de cœur, l'artère est parcourue par une onde de pression qui la dilate. La souplesse de l'artère lui permet de reprendre ensuite son diamètre ini-tial. Le retour de la paroi artérielle à sa section initiale contribue à faire progresser le sang, même si le cœur se relaxe entre les contractions. De cette manière, les im-pulsions s'aplatissent progressivement et ne risquent pas d'endommager le délicat réseau capillaire situé plus loin.

17

Alimentation sanguine du cœur

Maladie de cœur

- Le rétrécissement des artères coronaires prive le muscle cardiaque de nutriments et d'oxygène.
- Un effort trop violent peut provoquer une insuffisance d'oxygène et une crise d'**angine de poitrine**. Si le patient se repose, la douleur s'estompe.
- En cas de blocage soudain et complet, le muscle cardiaque subit des dommages. On parle alors d'infarctus du myocarde.
- L'infarctus est l'une des causes premières de décès dans les pays occidentaux.

Tous les organes ont besoin de sang. Le cœur n'échappe pas à la règle. Paradoxalement, le muscle cardiaque, ou myocarde, ne peut pas utiliser pour lui-même le sang dont il est rempli. Mais il y a plusieurs raisons à ce fait étrange. Quand le cœur se contracte, la pression du sang dans ses cavités est telle qu'elle provoquerait la déchirure du système vasculaire du myocarde. De surcroît, le sang situé dans la partie droite du cœur est pratiquement désoxygéné (parce qu'il se rend précisément vers les poumons), si bien que l'enveloppe musculaire cardiaque située à droite ne serait pas suffisamment oxygénée, si elle était ravitaillée par ce sang.

Le cœur, comme tout organe, a donc son propre système vasculaire. Celui-ci est constitué des artères et des veines coronaires. Les deux artères coronaires naissent de l'aorte immédiatement en aval des valvules sigmoïdes. Elles rampent à la surface du cœur et se ramifient

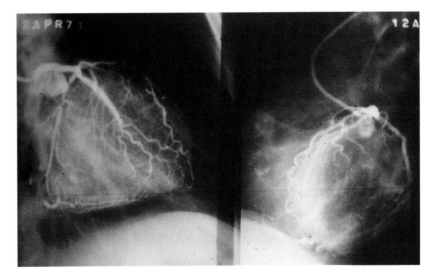

▷ Dans l'artériographie des coronaires, une substance de contraste est injectée dans les artères. Les ramifications des artères sont parfaitement visibles et peuvent être projetées telles quelles sur un écran. Cette technique permet de localiser les rétrécissements des artères coronaires qui pourraient causer un infarctus.

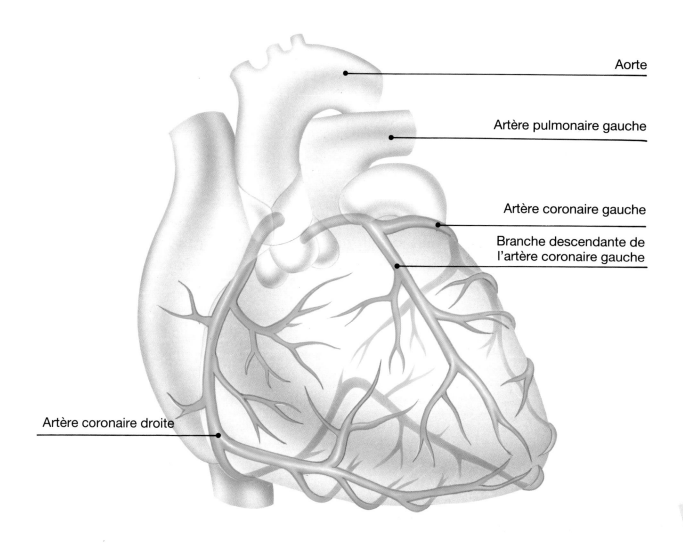

Aorte

Artère pulmonaire gauche

Artère coronaire gauche

Branche descendante de l'artère coronaire gauche

Artère coronaire droite

très rapidement pour former un réseau de nombreux vaisseaux qui pénètrent dans le muscle cardiaque où ils se capillarisent. Ces vaisseaux approvisionnent le muscle cardiaque en oxygène et en nutriments et recueillent le dioxyde de carbone et les déchets. Les capillaires se rejoignent pour former les veines coronaires.

Les artères coronaires sont vitales bien qu'elles aient à peine le diamètre d'un chalumeau. Si elles sont atteintes par une maladie ou bouchées, elles empêchent le sang oxygéné d'atteindre le muscle cardiaque et le cœur de pomper efficacement.

△ Les artères coronaires se ramifient sur toute la surface du cœur avant que leurs nombreux vaisseaux pénètrent dans le muscle cardiaque qu'ils nourrissent et où ils se capillarisent.

Circulation du sang veineux

À n'importe quel moment, les 3/4 du sang environ se trouvent dans les veines, canaux élastiques aux parois minces, qui ramènent le sang des poumons et d'autres organes au cœur.

Les parois veineuses se composent de trois couches comme les artères, mais ces tuniques sont beaucoup plus minces. La raison en est qu'après le parcours du sang à travers les artères et le réseau capillaire, les ondes de pression ont disparu. Les veines n'étant pas soumises aux mêmes contraintes que les artères, peuvent n'être munies que de parois minces et lâches.

Le débit sanguin des veines les plus larges peut varier,

1 Le sang s'écoulant dans la bonne direction à travers une veine ouvre les valvules.
2 Si le sang tente de s'écouler dans la mauvaise direction, les valvules se ferment. Il arrive parfois que, dans les jambes en particulier, les valvules ne fonctionnent pas efficacement. Les veines se gonflent et deviennent douloureuses; on peut parfois remarquer la présence de varices tout juste sous la peau.

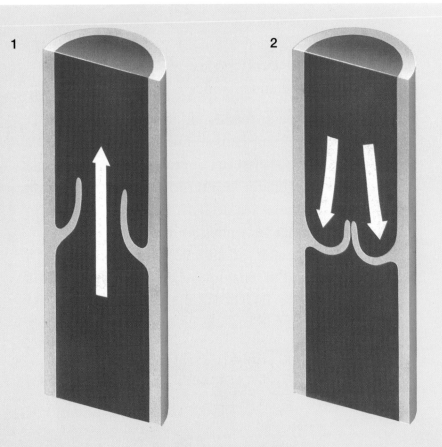

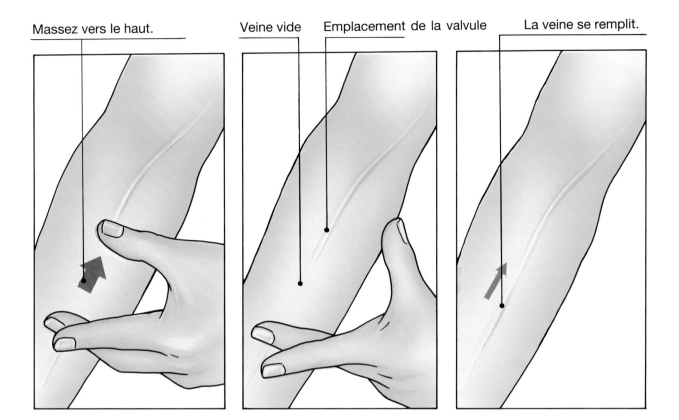

Massez vers le haut. Veine vide Emplacement de la valvule La veine se remplit.

car l'une des tuniques veineuses est munie de muscles contractiles, ce qui permet de compenser les changements de débit consécutifs à une hémorragie.

La plupart des grandes veines sont munies de valvules de non-retour commes celles du cœur. Ces valvules évitent l'accumulation du sang dans une veine et garantissent la poursuite lente et continue de son retour vers le cœur. Chez ceux qui sont astreints à passer de longues périodes debout, le sang tend à s'accumuler dans les chevilles et les jambes, car le cœur peut éprouver des difficultés à obliger le sang à vaincre la gravité pour parcourir le long trajet des pieds au muscle cardiaque. Au cours de la marche, les muscles des jambes exercent sur les veines une pression qui favorise la circulation de retour vers le cœur. Les soldats debout au cours d'une parade apprennent à tendre périodiquement les muscles de leurs jambes pour faciliter la circulation du sang et l'irrigation du cerveau, et éviter ainsi l'évanouissement.

△ Au moyen d'une expérience simple, vérifiez l'existence de valvules dans vos veines. Appuyez deux doigts contre la veine principale de la partie antérieure de l'avant-bras, à mi-distance environ entre le coude et le poignet, pour arrêter temporairement le passage du sang. Avec le pouce, massez la veine vers le haut pour faire remonter le sang (au-dessus à gauche). Retirez le pouce. Le sang ne devrait pas redescendre plus bas que la valvule (ci-dessus au centre). Retirez les doigts. La veine se remplit à partir du bas quand le sang reprend sa course (au-dessus à droite).

Le réseau capillaire

▽ File de globules rouges se pressant dans un capillaire (vue au microscope électrique à balayage)

Si tous les vaisseaux sanguins de l'organisme étaient mis bout à bout, ils s'étendraient sur 150 000 km, c'est-à-dire, près de la moitié de la distance Terre-Lune. La plus grande partie de cette longueur serait constituée par les capillaires, ces vaisseaux microscopiques les plus fins du corps, qui cependant ne contiennent qu'1/20 du sang de l'organisme.

Le réseau des capillaires est si dense que très peu de cellules du corps sont éloignées de l'un d'entre eux. La paroi des capillaires a l'épaisseur d'une seule cellule. Elle est faite d'un assemblage tubulaire de cellules très minces et incurvées appelées cellules endothéliales. Ces cellules sont perméables. L'oxygène, des nutriments et d'autres substances provenant du sang artériel circulant dans le capillaire peuvent en traverser la paroi pour atteindre d'autres cellules. Inversement, le dioxyde de carbone (CO_2) et d'autres résidus provenant des cellules environnantes peuvent traverser la paroi du capillaire et charger le sang désoxygéné qui retournera aux poumons.

Les parois capillaires n'autorisent pas seulement le passage de substances dissoutes. Des cellules complètes, et en particulier les globules blancs défenseurs de l'organisme, peuvent s'aplatir et se glisser à travers les joints séparant les cellules d'un capillaire (page 28). Ainsi les globules blancs peuvent passer du sang dans les tissus avoisinants pour y combattre des affections. Ils peuvent aussi quitter les tissus et rejoindre le flux sanguin pour être transportés rapidement en un autre endroit de l'organisme où leur action est requise.

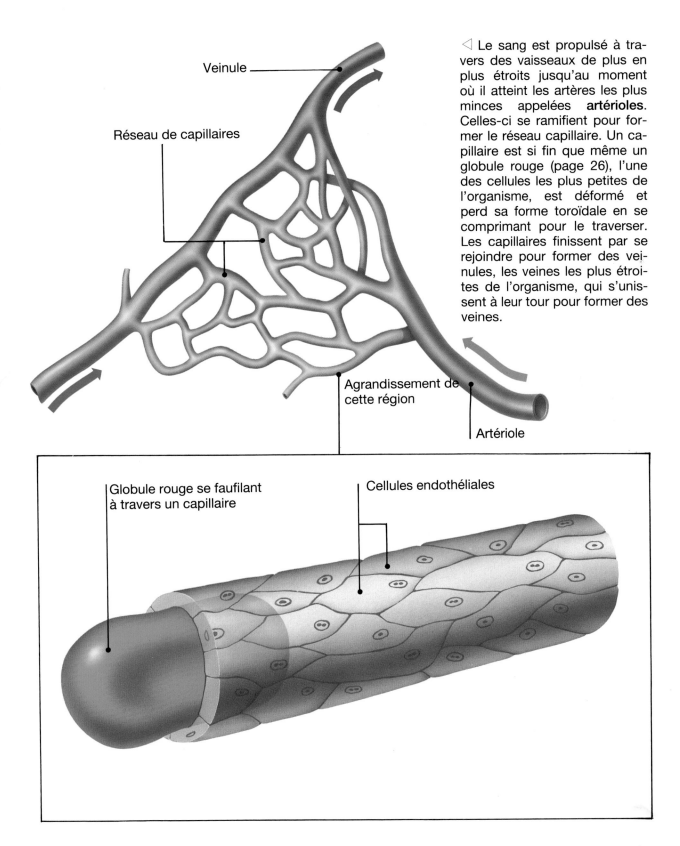

Veinule

Réseau de capillaires

Agrandissement de cette région

Artériole

◁ Le sang est propulsé à travers des vaisseaux de plus en plus étroits jusqu'au moment où il atteint les artères les plus minces appelées **artérioles**. Celles-ci se ramifient pour former le réseau capillaire. Un capillaire est si fin que même un globule rouge (page 26), l'une des cellules les plus petites de l'organisme, est déformé et perd sa forme toroïdale en se comprimant pour le traverser. Les capillaires finissent par se rejoindre pour former des veinules, les veines les plus étroites de l'organisme, qui s'unissent à leur tour pour former des veines.

Globule rouge se faufilant à travers un capillaire

Cellules endothéliales

La pression artérielle

La propulsion du sang dans le système circulatoire à travers des vaisseaux sanguins minuscules requiert une force considérable. Celle-ci est fournie par le cœur. Le muscle cardiaque, en se contractant, expulse le sang avec force dans le circuit sanguin par les artères. Le sang est toujours sous pression.

Mais en fait, la pression sanguine n'est pas constante. Elle atteint un maximum au moment où le ventricule se contracte pour expulser le sang du cœur. Elle baisse ensuite légèrement, tandis que le ventricule se relaxe et se remplit de sang. La continuité du flux sanguin entre les contractions cardiaques est assurée par l'élasticité des artères qui se resserrent et continuent à propulser le sang en avant entre deux systoles ventriculaires. La surpres-

▽ La mesure de la pression artérielle est un test rapide et indolore. Elle peut fournir à temps un avertissement sur la possibilité d'endommagement de certains organes fragiles comme le cerveau, les yeux et les reins, ainsi que sur l'apparition de maladies cardio-vasculaires.

sion baisse également à mesure que la distance parcourue par le sang s'accroît. Elle est maximale dans le ventricule gauche et l'aorte, diminue progressivement dans les artères qui s'éloignent du cœur, plus basse encore dans les capillaires et imperceptible dans les grandes veines qui ramènent le sang au côté droit du cœur.

La pression artérielle est toujours mesurée au même endroit du corps, à la fois pour pouvoir comparer des lectures successives sur le même patient, ainsi qu'entre des patients différents. L'endroit habituel est l'artère humérale. Le praticien utilise un instrument appelé **sphygmomanomètre** et note deux valeurs correspondant respectivement à la pression aortique maximale (pression systolique) au sommet de la contraction ventriculaire, et à la pression aortique minimale (pression diastolique) juste avant la phase d'éjection ventriculaire. À titre d'exemple, la pression artérielle d'un jeune adulte en bonne santé est au repos d'environ 12/8 (Hg).

La pression artérielle varie en effet aussi en fonction de l'activité de l'organisme. Un coureur à pied en pleine course, ou un homme préoccupé, a une pression artérielle supérieure à celle d'un homme détendu ou au repos. Si la pression au repos est trop élevée et le reste pendant un certain temps, il existe un risque d'endommagement d'organes délicats tels les yeux, les reins et le cerveau. Une pression supérieure à la normale s'appelle **hypertension**. Il est conseillé à beaucoup de gens de faire vérifier leur pression artérielle à intervalles réguliers – pluriannuels pour les jeunes, plus fréquemment pour les gens plus âgés – afin de s'assurer de l'absence d'hypertension. En cas d'hypertension, il peut être indiqué de maigrir, de faire plus d'exercice et, éventuellement, d'absorber certains médicaments pour ramener la tension à la normale.

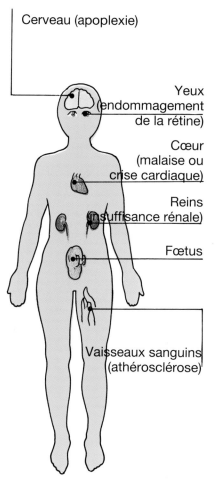

Cerveau (apoplexie)

Yeux (endommagement de la rétine)

Cœur (malaise ou crise cardiaque)

Reins (insuffisance rénale)

Fœtus

Vaisseaux sanguins (athérosclérose)

△ Différentes parties du corps peuvent subir des dommages si la pression artérielle demeure anormalement élevée pendant un temps trop long.

Pourquoi le sang est rouge

Le sang est une substance complexe. Un peu plus de la moitié de son volume est constitué de **plasma** (page 30), un liquide jaunâtre qui renferme des substances chimiques telles que des nutriments, des hormones et des minéraux en solution. Le reste de son volume est constitué de cellules diverses dont les principales sont les globules rouges et les globules blancs.

Les globules rouges ou érythrocytes sont les transporteurs d'oxygène de l'organisme. Ils sont extrêmement ténus – même pour des cellules – et incroyablement nombreux. Le diamètre d'un globule rouge ne dépasse pas 0,007 mm. Un mm³ de sang compte 5 millions de globules rouges.

Un globule rouge a la forme d'une lentille biconcave. Il compte 270 millions de molécules d'une substance spéciale appelée **hémoglobine**, qui a la particularité de fixer l'oxygène. Dans les poumons, l'oxygène de l'air

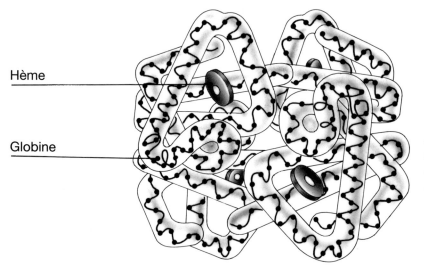

Hème

Globine

◁ Schéma d'une molécule d'hémoglobine, la substance sur laquelle se fixe l'oxygène dans les globules rouges. Elle se compose de 4 longues chaînes de globine de 4 hèmes ou ions ferreux représentés par des disques. L'oxygène se combine aux hèmes.

vient se combiner à l'hémoglobine pour former avec celle-ci de l'**oxyhémoglobine** qui est d'un rouge vermeil. Voilà pourquoi le sang frais, oxygéné, a lui-même cette teinte.

L'oxygène circule dans le sang avec l'hémoglobine jusqu'aux capillaires dont il traverse l'enveloppe pour atteindre les cellules voisines. Débarrassée de l'oxygène qu'elle portait, l'oxyhémoglobine redevient de l'hémoglobine et le sang passe du rouge vif au rouge foncé.

Vieillis, les globules rouges se déforment et perdent leur aptitude à fixer l'oxygène. Ils sont alors détruits par les cellules phagocytaires dans la rate, le foie et la moelle osseuse et certains de leurs éléments sont recyclés pour fabriquer de nouveaux érythrocytes.

L'hémoglobine contient du fer et l'organisme doit en contenir pour pouvoir poursuivre l'élaboration de globules rouges. Le manque de fer ou les anomalies des érythrocytes se traduit par de l'anémie. L'anémique est pâle, a le souffle court et se fatigue aisément.

△ Cette microphotographie montre cinq globules rouges, grossis environ 6 000 fois. Deux d'entre eux, en forme de lentilles biconcaves, sont normaux (au-dessus à droite et en bas au centre). La cellule hérissée de pointes est un globule particulier, dit échinocyte. Ces deux globules longs et minces sont des drépanocytes que l'on trouve dans l'anémie falciforme. Ces globules rouges déformés diminuent la capacité de l'hémoglobine à se déplacer dans les capillaires et à fixer l'oxygène.

27

Les globules blancs

Les globules blancs ou **leucocytes** constituent le deuxième type principal de cellules sanguines. Bien qu'au microscope ils paraissent blanchâtres, ils ne sont pas réellement blancs mais faits d'une substance claire et gélatineuse. Les globules blancs sont plus grands et beaucoup moins nombreux que les globules rouges. Un mm³ de sang en contient environ 10 000. Les globules blancs contribuent à combattre la maladie (pages 34 et 41).

Les leucocytes sont de formes et de tailles variées. Ils peuvent être répartis en deux groupes : polynucléaires et mononucléaires. Les polynucléaires – ou granulocytes parce qu'ils contiennent des granulations – sont des globules blancs dont le noyau est formé de plusieurs lobes reliés entre eux. Ils se classent en trois catégories : neutrophiles, basophiles et éosinophiles. Les mononucléaires ou agranulocytes comprennent deux catégories : les **lymphocytes** et les monocytes.

▽ Deux macrophages (types de globules blancs) parcourent les poumons à la recherche d'organismes étrangers : poussières ou microbes. Celui du dessous encercle une particule étrangère sphérique (à gauche) et se prépare à l'engloutir et à la neutraliser.

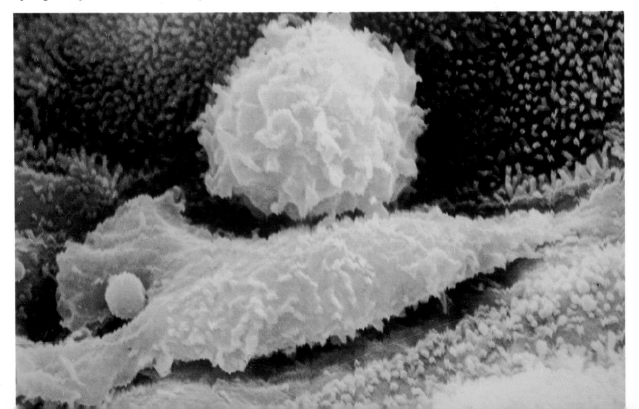

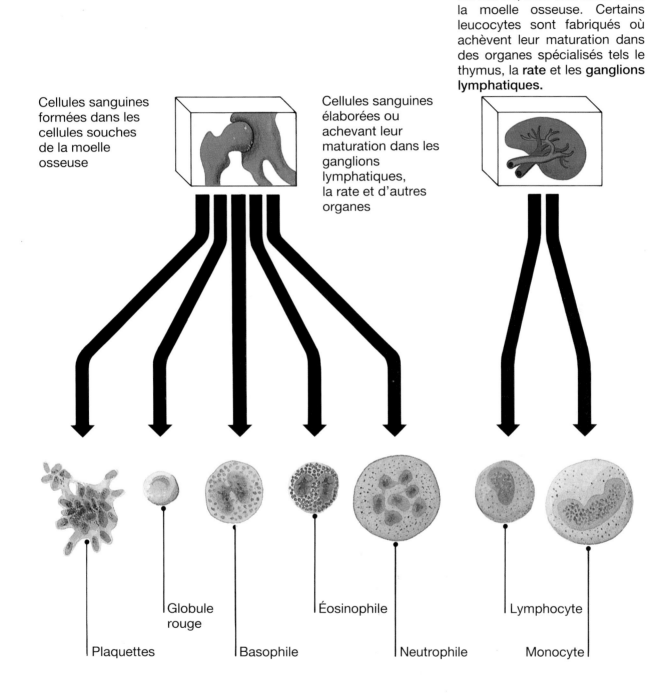

Cellules sanguines
formées dans les
cellules souches
de la moelle
osseuse

Cellules sanguines
élaborées ou
achevant leur
maturation dans les
ganglions
lymphatiques,
la rate et d'autres
organes

▽ De nombreuses cellules
sanguines, y compris les globules rouges et certains globules blancs, sont élaborées dans
la moelle osseuse. Certains
leucocytes sont fabriqués où
achèvent leur maturation dans
des organes spécialisés tels le
thymus, la **rate** et les **ganglions
lymphatiques.**

Globule
rouge

Éosinophile

Lymphocyte

Plaquettes

Basophile

Neutrophile

Monocyte

29

Plasma et plaquettes

Le plasma, de couleur paille, est la partie liquide du sang. Il est constitué de 90 % d'eau, mais renferme une grande variété de substances chimiques en solution. Les protéines qu'il contient servent à l'élaboration et à la régénération des cellules. Le glucose, principale source d'énergie de l'organisme, constitue 1 à 2/1 000 du plasma dans lequel on trouve aussi des minéraux : sodium, calcium, potassium, etc., et des résidus, tel le CO_2.

Les globules rouges ne sont pas les particules les plus petites du sang. Les **plaquettes** ou thrombocytes sont de taille encore plus réduite. La taille d'une plaquette est inférieure à 1/4 de celle d'un érythrocyte. Un mm^3 de sang en renferme 500 000. Cependant les plaquettes ne constituent pas des cellules, elles ne possèdent pas de noyau. Ce sont en fait de petits fragments de cytoplasme qui prennent naissance dans la moelle osseuse par fragmentation de cellules appelées mégacaryocytes. Leur durée de vie moyenne est inférieure à deux semaines.

Les plaquettes contribuent à la coagulation du sang après une blessure ou une lésion. La coagulation du sang est un processus complexe qui englobe une série de réactions chimiques à l'emplacement du traumatisme. En résumé, en cas de blessure, les cellules endommagées sécrètent des substances qui réagissent dans le plasma avec des éléments chimiques coagulants. Le fibrinogène, une protéine en solution dans le plasma, est rapidement converti en filaments de **fibrine**, insolubles. Ces filaments forment alors un réseau qui emprisonne les cellules du sang, les plaquettes et le plasma pour former un caillot.

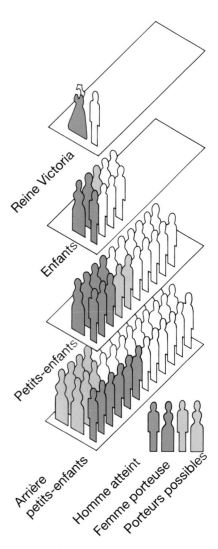

△ L'hémophilie est une disposition pathologique aux hémorragies prolongées, due à l'absence d'un facteur de coagulation (facteur VIII) dans le sang. Cette affection hériditaire n'est transmise par les femmes qu'aux enfants mâles.

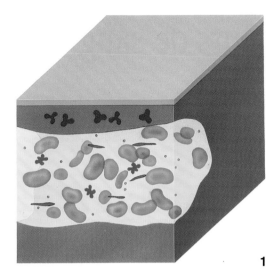

1

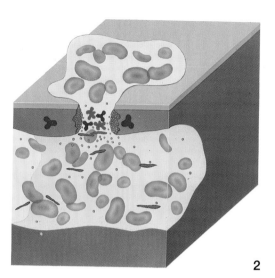

2

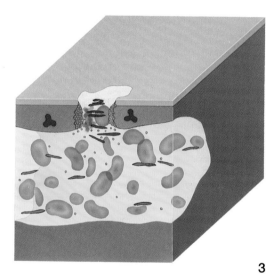

3

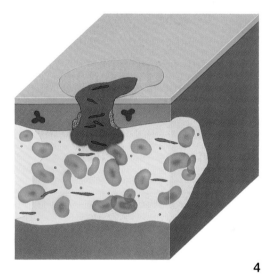

4

△ Le processus de coagulation dépend d'une série de réactions chimiques comprenant différentes substances sanguines.

1 Le sang s'écoule normalement dans un vaisseau sain.

2 Le vaisseau est endommagé. La blessure saigne. Différentes cellules sanguines et des éléments chimiques commencent

à se concentrer aux environs de la blessure.

3 Les plaquettes réagissent avec des composés chimiques pour convertir le fibrinogène du plasma en filaments longs et collants de fibrine. Ceux-ci forment un réseau qui emprisonne les cellules sanguines, les plaquettes et d'autres débris pour sceller l'ouverture.

4 Rapidement les filaments de fibrine se raccourcissent et enserrent la masse entière en un bloc solide. C'est un caillot sanguin (ou thrombus rouge) qui ferme la blessure tandis que la tunique du vaisseau se répare. Si la blessure est une coupure de la peau, le caillot durcit à l'air pour former une croûte solide de protection.

Groupes sanguins et donneurs de sang

Au cours des siècles, des médecins se sont efforcés d'aider ceux qui avaient perdu du sang à la suite d'une blessure ou qui souffraient d'une maladie du sang, en leur transfusant du sang d'un tiers en bonne santé, appelé donneur. Malheureusement, ce traitement s'avéra aléatoire au point de hâter parfois la mort du receveur au lieu de le guérir. C'est au début de ce siècle que les travaux d'un médecin autrichien, Karl Landsteiner, révélèrent la cause des échecs.

Tous les sangs ne sont pas identiques. On en distingue quatre groupes principaux : A, B, AB et O. Les différences proviennent des caractéristiques des agglutinogènes, substances antigènes situées à la surface des globules rouges et des agglutinines, substances spécifiques (anticorps) apparaissant dans le plasma. Si le sang de certains groupes est mélangé, ces substances provoquent l'agglutination des globules rouges et l'obstruction des capillai-

▽ Les groupes sanguins sont déterminés par les gènes hérités de vos parents. Votre groupe peut différer de celui de vos parents. Mais seuls certains groupes peuvent se combiner. Sur ce schéma, la première lettre indique le groupe sanguin de la personne, la deuxième est le groupe porté par les gènes, qui peut apparaître dans la descendance.

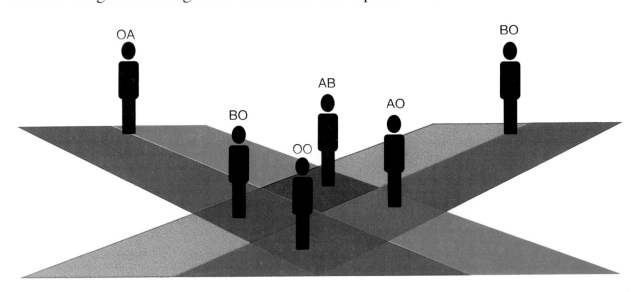

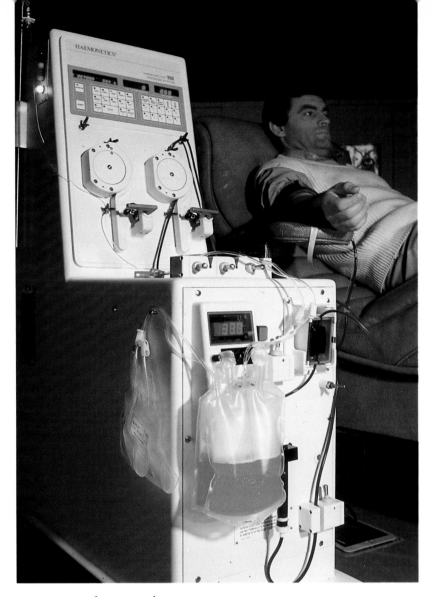

◁ Donner du sang ne requiert que peu de temps, mais peut sauver une vie. Cet homme ne donne que du plasma (plasmaphérèse). Au moyen d'une aiguille et d'un tuyau, on transfère un peu de sang dans un sac. Les globules rouges descendent au fond et le plasma surnage. Puis les globules rouges sont retransférés vers le donneur et le plasma est évacué puis stocké.

res – avec des conséquences graves.

Dans le système ABO, il n'y a généralement pas de risque à recevoir du sang du groupe auquel vous appartenez. Le sang du groupe O peut être transfusé à n'importe quel receveur, tandis qu'un receveur du groupe AB peut recevoir du sang de tous les groupes.

Mais le système ABO n'est en lui-même qu'un des facteurs à prendre en considération. Le **système Rhésus** complète et corrige le premier. Par conséquent, en pratique, avant de procéder à une transfusion sanguine, des échantillons de sang sont analysés pour s'assurer de la compatibilité des sangs du donneur et du receveur. Il est utile de porter sur soi une fiche précisant votre groupe sanguin. En cas d'urgence, l'équipe médicale peut vous transfuser, sans test préalable, le sang qui vous convient.

Combattre l'infection

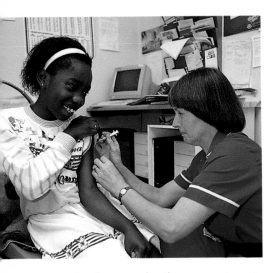

△ La vaccination assure une protection contre des infections pouvant être dangereuses comme la rougeole, la rubéole, le tétanos, la poliomyélite, la diphtérie et la coqueluche. Ce traitement ne dure que quelques secondes et n'est pas aussi douloureux que certains l'imaginent !

Les infections sont provoquées par des organismes microscopiques tels que des bactéries et des virus, appelés aussi germes. Ceux-ci pénètrent dans l'organisme par des coupures et des éraflures de la peau, ou par les muqueuses sensibles du nez, de la gorge, des poumons ou des intestins. Une fois à l'intérieur, ils se multiplient et se mettent à endommager les tissus. Leur action se traduit par des symptomes : mal de gorge,...

Les globules blancs sont les principaux défenseurs de l'organisme contre l'invasion des germes. Neutrophiles, éosinophiles et monocytes peuvent détruire les germes suivant un mécanisme appelé phagocytose. Les basophiles et certains lymphocytes génèrent des substances chimiques initiatrices de l'inflammation, signe extérieur du combat contre la maladie. Les vaisseaux sanguins se dilatent tandis que des globules blancs et des substances de tous genres affluent pour combattre les envahisseurs.

Toute paroi bactérienne porte une caractéristique chimique connue sous l'appellation d'**antigène**. Certains lymphocytes identifient cette caractéristique et fabriquent des substances appelées **anticorps**. Les anticorps s'accrochent aux germes et les détruisent en les taillant en pièces ou les amènent à s'agglutiner de façon à faciliter leur absorption par les globules blancs. Ceux-ci viennent à bout des germes et l'infection est maîtrisée.

Après une infection, certains lymphocytes « se souviennent » du procédé de fabrication des anticorps contre ces germes spécifiques. Par la suite, quand ces germes pénètrent à nouveau dans l'organisme, les globules blancs peuvent contre-attaquer d'emblée, avant la prolifération des germes. Ceci signifie que la maladie est ar-

▽ Certains globules blancs détruisent les germes en entier par phagocytose.

1 Le globule blanc se dirige vers un cordon de germes glissant comme de la gelée.

2 Des «tentacules» émergent du globule blanc et encerclent les germes.

3 Puis fusionnent pour incarcérer les germes. Les sucs digestifs attaquent les germes et les fragmentent.

4 Certains globules blancs peuvent ensuite disparaître laissant derrière eux les restes non digérés des germes.

rêtée avant d'avoir pu se manifester. On dit que la personne est **immunisée** contre cette infection spécifique.

On peut «infecter» l'organisme au moyen de germes morts ou malades qui ne sont pas pathogènes, mais alertent le système de défense et permettent à l'organisme de s'immuniser. Ce procédé s'appelle la vaccination. Les germes sont transmis par une injection ou par voie orale. Dans de nombreux pays, les nouveau-nés et les enfants sont systématiquement vaccinés contre un certain nombre de maladies. Ainsi sont-ils immunisés contre des infections graves telles que la diphtérie, le tétanos, la poliomyélite et la coqueluche.

Des virus à l'origine de certaines infections, comme le rhume banal et la grippe, sont mutants; par conséquent, les globules blancs ne parviennent pas à les identifier d'une fois à l'autre. Il est donc difficile d'immuniser l'organisme contre des infections de ce type.

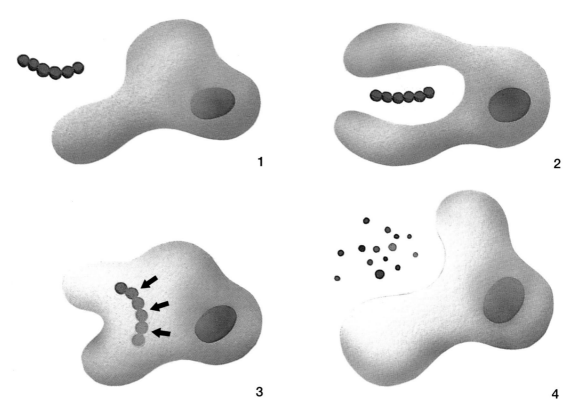

1

2

3

4

Affections artérielles

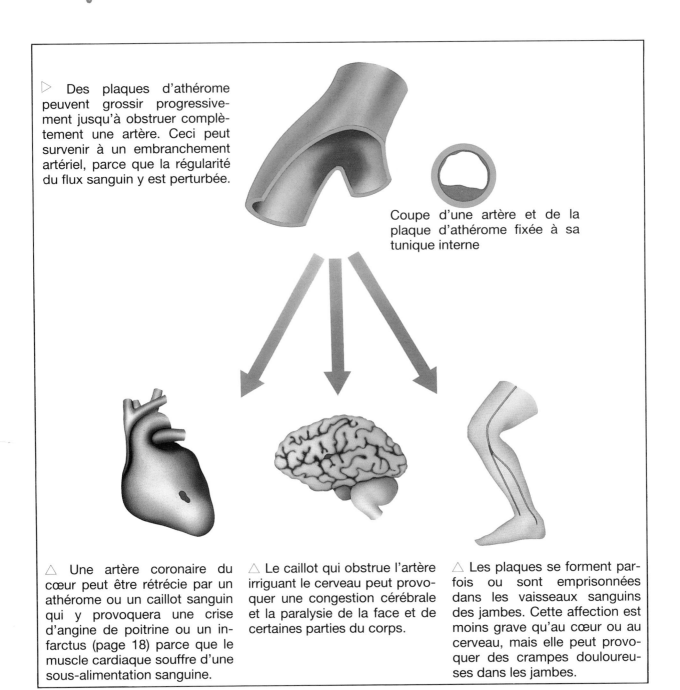

▷ Des plaques d'athérome peuvent grossir progressivement jusqu'à obstruer complètement une artère. Ceci peut survenir à un embranchement artériel, parce que la régularité du flux sanguin y est perturbée.

Coupe d'une artère et de la plaque d'athérome fixée à sa tunique interne

△ Une artère coronaire du cœur peut être rétrécie par un athérome ou un caillot sanguin qui y provoquera une crise d'angine de poitrine ou un infarctus (page 18) parce que le muscle cardiaque souffre d'une sous-alimentation sanguine.

△ Le caillot qui obstrue l'artère irriguant le cerveau peut provoquer une congestion cérébrale et la paralysie de la face et de certaines parties du corps.

△ Les plaques se forment parfois ou sont emprisonnées dans les vaisseaux sanguins des jambes. Cette affection est moins grave qu'au cœur ou au cerveau, mais elle peut provoquer des crampes douloureuses dans les jambes.

La continuité de l'afflux sanguin est vitale pour assurer à tout l'organisme l'oxygène et les nutriments dont il a besoin. Si une artère s'endommage ou s'oblitère, la partie de l'organisme qu'elle irrigue peut cesser d'être nourrie et oxygénée par le sang qui lui est apporté et, si cet accident se produit, cette partie peut se nécroser.

Les deux problèmes principaux affectant les artères sont l'artériosclérose et l'athérosclérose.

Dans le cas de l'artériosclérose, la membrane artérielle durcit, perd de son élasticité et devient incapable de se dilater au gré des pulsations cardiaques. On pense que cette insuffisance artérielle est liée à l'âge.

L'athérosclérose est caractérisée par la formation de flaques de boue à l'intérieur de l'artère où elles se fixent et s'incrustent. Ce processus donne lieu a un rétrécissement localisé de la section interne des artères. Ces flaques de boue, faites de matières graisseuses, s'appellent des plaques d'athérome. Elles peuvent, à la longue, oblitérer l'artère et y interdire la circulation.

Mais un danger subsiste même si l'athérome ne bloque pas complètement l'artère. En effet, la présence de la plaque perturbe le flux artériel et risque de favoriser la formation d'un caillot qui, outre la plaque, peut très bien oblitérer l'artère. Le caillot peut aussi se désagréger et ses fragments sont entraînés plus loin jusqu'au moment où, dégagés dans une ramification artérielle plus étroite, ils sont arrêtés et bloquent le flux artériel. Un caillot sanguin bloqué à l'endroit de sa formation s'appelle un thrombus. S'il est désagrégé et poursuit son chemin dans le circuit sanguin, il s'appelle embolus.

Les maladies artérielles sont liées à divers aspects du mode de vie. Elles guettent davantage les fumeurs, ceux qui souffrent d'hypertension artérielle, ceux dont l'alimentation est trop riche en graisses surtout d'origine animale, ceux dont le taux de **cholestérol** dans le sang est élevé, les sédentaires et les corpulents.

Crises cardiaques

Le rétrécissement ou l'obstruction des artères coronaires, qui assurent le ravitaillement sanguin du muscle cardiaque, est une cause majeure de maladie cardiaque et de décès dans de nombreux pays. Les problèmes apparaissent généralement à l'âge adulte, mais certaines de leurs causes lointaines remontent à l'enfance. Voici quelques conseils utiles pour réduire les risques de crises cardiaques au cours de votre vie:

- Ne fumez pas.
- Ne prenez pas de poids excessif.
- Évitez l'excès de matières grasses surtout d'origine animale.
- Faites de l'exercice.
- Adultes, faites vérifier régulièrement votre tension artérielle.
- Les femmes qui prennent la pilule contraceptive devraient se faire examiner régulièrement par leur médecin.

Interventions cardiaques

De nombreuses maladies peuvent affecter le cœur, les vaisseaux sanguins et le sang. La pharmacopée moderne et la chirurgie peuvent contribuer au traitement de certaines d'entre elles, mais il n'existe pas de substitut au maintien en bon état de votre cœur et de votre système circulatoire. De bonnes habitudes contractées dès l'enfance, tel un régime alimentaire équilibré, la pratique d'exercices physiques, l'abstention de tabac, contribueront au maintien en bon état de votre cœur et de vos vaisseaux sanguins pendant de longues années.

Certaines anomalies cardiaques existent à la naissance.

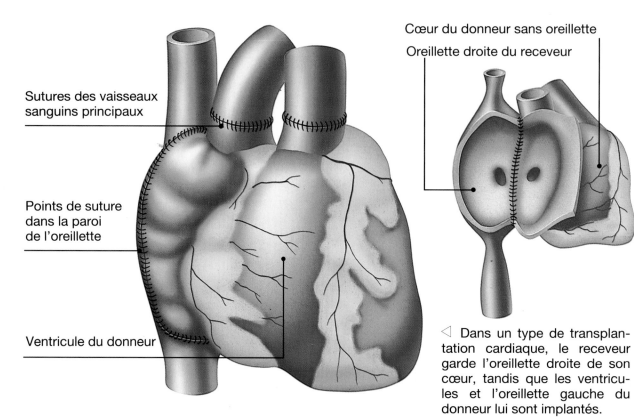

Anomalies cardiaques congénitales

- La gamme des symptomes des anomalies cardiaques congénitales s'étend du souffle court anodin à la maladie létale.
- En Europe, un nouveau-né sur 125 est atteint d'une anomalie cardiaque.
- Plus des 3/4 des nouveaunés requérant un traitement auront une vie normale.

Sutures des vaisseaux sanguins principaux

Points de suture dans la paroi de l'oreillette

Ventricule du donneur

Cœur du donneur sans oreillette

Oreillette droite du receveur

◁ Dans un type de transplantation cardiaque, le receveur garde l'oreillette droite de son cœur, tandis que les ventricules et l'oreillette gauche du donneur lui sont implantés.

38

Dans la plupart des cas, le système complexe du cœur et de l'appareil circulatoire ne s'est pas développé correctement. Il peut y avoir communication entre les deux cavités cardiaques, ou encore des vaisseaux peuvent être mal connectés, de sorte que la circulation sanguine est perturbée. Le problème peut être corrigé immédiatement par une opération chirurgicale du nouveau-né, mais, si l'anomalie est mineure, les médecins peuvent attendre quelques mois voire quelques années, jusqu'à ce que les risques opératoires soient réduits.

Parfois, le rythme cardiaque peut être irrégulier (arythmie) ou trop rapide (tachycardie) ou trop lent (bradycardie) pour les activités présentes. Certains de ces désordres peuvent être corrigés par des médicaments. D'autres problèmes de rythme requièrent l'implantation d'un stimulateur cardiaque artificiel pour prendre le relais du stimulateur naturel défectueux (page 14).

Parfois, des valvules cardiaques sont endommagées par une maladie et la circulation sanguine s'en trouve perturbée (troubles valvulaires). Dans certains cas, le trouble peut être corrigé en remplaçant la valvule endommagée par une valvule artificielle en métal ou en plastique. Ces matériaux sont généralement bien tolérés par l'organisme et ne donnent par lieu aux problèmes de rejet liés à l'implantation d'un organe vivant provenant d'un tiers, comme dans le cas d'une transplantation cardiaque ou rénale.

Un pompage faible peut être dû à une altération du myocarde. Cette maladie, appelée cardiomyopathie, peut parfois être traitée par voie médicamenteuse. Dans des cas exceptionnels, elle requiert une transplantation cardiaque. De nos jours, les médecins peuvent dresser un état du cœur sans intervention chirurgicale. Tomographie axiale informatisée, angiographie, échographie du cœur, électrocardiogramme sont autant de moyens techniques à sa disposition.

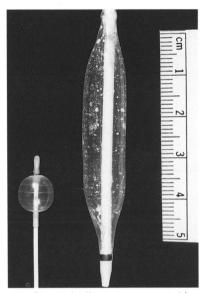

△ Des ballonnets appelés sondes de Fogarty sont utilisés dans la technique de l'angioplastie. Dégonflé et enfilé sur l'extrémité d'un cathéter, le ballonnet est introduit sous la peau et dans un vaisseau sanguin principal, puis dans l'artère atteinte. Une fois à sa place, il est gonflé pour lever l'obstruction du vaisseau ou élargir la section rétrécie de l'artère.

Le système lymphatique

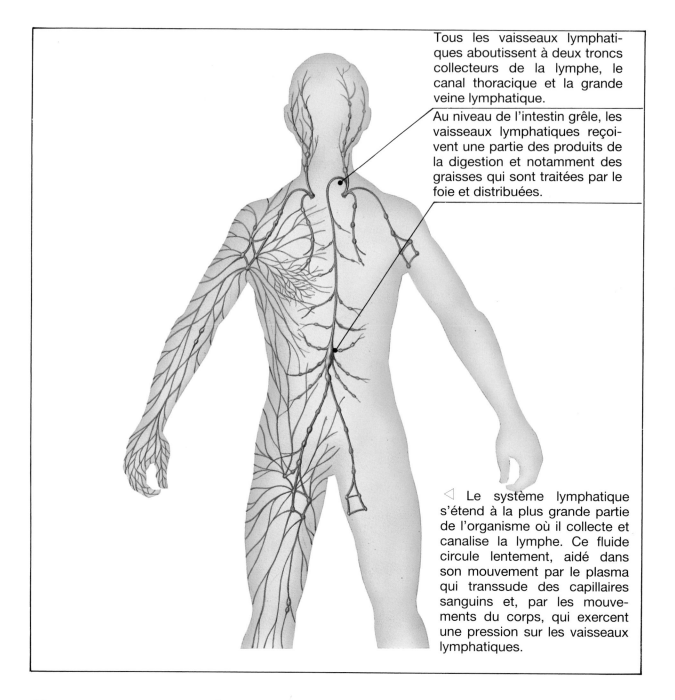

Tous les vaisseaux lymphatiques aboutissent à deux troncs collecteurs de la lymphe, le canal thoracique et la grande veine lymphatique.

Au niveau de l'intestin grêle, les vaisseaux lymphatiques reçoivent une partie des produits de la digestion et notamment des graisses qui sont traitées par le foie et distribuées.

◁ Le système lymphatique s'étend à la plus grande partie de l'organisme où il collecte et canalise la lymphe. Ce fluide circule lentement, aidé dans son mouvement par le plasma qui transsude des capillaires sanguins et, par les mouvements du corps, qui exercent une pression sur les vaisseaux lymphatiques.

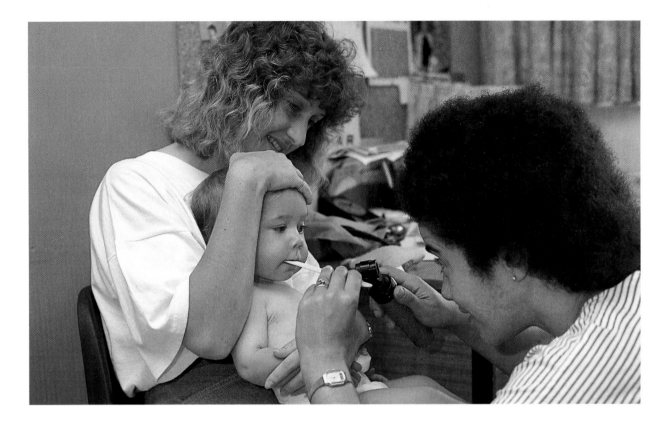

Les capillaires laissent transsuder du plasma qui se répand dans les lacunes du tissu conjonctif. Le plasma charrie avec lui de nombreuses substances en solution, y compris de l'oxygène, des nutriments et des protéines, tels des anticorps, et prend le nom de liquide interstitiel.

Repris par les capillaires lymphatiques, ce liquide s'appelle alors **lymphe**. Les capillaires confluent, forment des vaisseaux d'abord étroits, puis plus larges qui constituent le système lymphatique de la même manière que les capillaires sanguins se rejoignent pour former des veines. Les vaisseaux lymphatiques sont munis de valvules de non-retour comme celles des grosses veines.

La lymphe est un liquide clair et légèrement poisseux. Elle renferme des nutriments, des globules blancs, des protéines et d'autres substances. Elle contribue à acheminer des éléments nutritifs et d'autres substances essentielles et elle constitue un élément vital des défenses de l'organisme contre l'infection et la maladie (page 42).

△ Les amygdales constituent des formations lymphoïdes. En examinant la gorge, un médecin peut déterminer l'existence éventuelle d'une infection.

41

Dépuration du sang

Les ganglions lymphatiques sont des organes formés de tissu lymphoïde dont la charpente se compose de tissu réticulé aux mailles remplies de globules blancs. On trouve des concentrations de ganglions lymphatiques dans le cou, au creux des aisselles et dans l'aine. Quand l'organisme est soumis à une invasion de germes, les lymphocytes se multiplient dans les ganglions pour renforcer le système de défense du corps (page 34). Les ganglions se gonflent et deviennent apparents sous la

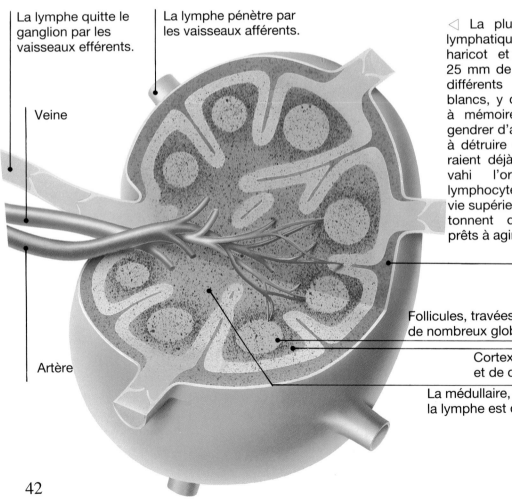

La lymphe quitte le ganglion par les vaisseaux efférents.

La lymphe pénètre par les vaisseaux afférents.

Veine

Artère

◁ La plupart des ganglions lymphatiques ont la forme d'un haricot et mesurent de 1 à 25 mm de long. Ils renferment différents types de globules blancs, y compris des cellules à mémoire, qui peuvent engendrer d'autres cellules prêtes à détruire des germes qui auraient déjà antérieurement envahi l'organisme. Certains lymphocytes ont une durée de vie supérieure à 10 ans. Ils cantonnent dans les ganglions prêts à agir en cas d'infection.

Capsule du ganglion

Follicules, travées fibreuses contenant de nombreux globules blancs

Cortex, un réseau de fibres et de cellules

La médullaire, cœur du ganglion où la lymphe est collectée

Capsule de protection
de la rate

Le centre pulpeux de la rate contient
de nombreux globules blancs.

Côte inférieure gauche

Veine splénique

Artère splénique

peau où ils forment des protubérances sensibles. Ce sont les «ganglions gonflés» qui apparaissent quand l'organisme lutte contre une infection.

On trouve aussi des formations de **tissu lymphoïde** à certains endroits tels que les végétations adénoïdes (à l'arrière de la cavité nasale), les amygdales (dans la gorge), l'appendice et le gros intestin. On pense que leur fonctionnement est analogue à celui des ganglions lymphatiques qu'elles filtrent, et dépurgent le sang.

La rate est un autre organe impliqué dans le système lymphatique. Elle a la forme d'un rein, mesure 12 cm de long et est située dans la partie supérieure gauche de l'abdomen, derrière l'estomac à hauteur des côtes inférieures. Elle renferme de nombreux lymphocytes qui élaborent des anticorps, et les libère dans le flux sanguin. Elle détruit également les globules rouges et les plaquettes usées et recycle certains de leurs composants pour les envoyer à la moelle osseuse, le foie et d'autres organes. Au début de la vie, la rate fabrique des globules blancs et des globules rouges, mais cet organe n'est pas essentiel pour les adultes.

Le système lymphatique et le SIDA

L'une des premières manifestations de cette infection d'origine virale qu'est le SIDA peut être ses effets sur le système.

- Le VIH (virus d'immunodéficience humaine) peut demeurer latent pendant des années après s'être introduit dans l'organisme.
- Quand il se met à proliférer, le nombre de globules blancs augmente pour tenter de contre-attaquer.
- Ce processus provoque un gonflement des ganglions: l'adénopathie.
- Graduellement, le virus détruit les globules blancs et le système de défense de l'organisme.
- SIDA = syndrome d'immunodéficience acquise.

Le cœur artificiel

En 1952, un chirurgien américain implanta la première valvule artificielle pour pallier les déficiences des valvules sigmoïdes de l'orifice aortique chez une patiente. La valvule était constituée d'une petite bille métallique placée dans un tube en plastique. Son claquement régulier à chaque battement de cœur pouvait être entendu dans une chambre entière. Depuis lors, la conception de valvules cardiaques artificielles et d'autres éléments cardiaques et vasculaires a fait d'immenses progrès (page 38).

Il y a eu des tentatives de fabrication d'un cœur artificiel complet. L'un d'eux est le Jarvik-7, du nom de son inventeur Robert Jarvik. Il est constitué d'un anneau d'aluminium, de deux cavités en plastique servant de ventricules et de quatre valvules mécaniques. Il est actionné par des bouffées d'air comprimé qui lui parviennent d'une pompe pneumatique située à l'extérieur du corps par des tuyaux traversant la poitrine. Deux patients ont reçu le cœur artificiel Jarvik-7 en 1982 et en 1984. Le premier survécut près de 3 mois. Le cœur artificiel lui-même fonctionnait bien, mais il y eut de nombreuses autres difficultés. Les patients étaient également tenus de rester constamment à côté des pompes auxquelles ils étaient reliés. La médecine moderne peut assister le cœur de nombreuses manières: des opérations de réparation, des lésions et des valvules au pontage d'artères coronaires obstruées et à l'implantation de stimulateurs cardiaques et valvules artificiels. Mais il n'existe pas de substitut du maintien de votre cœur en bon état et en bonne santé. Dans cette hypothèse, votre cœur a de bonnes chances de battre encore longtemps et efficacement.

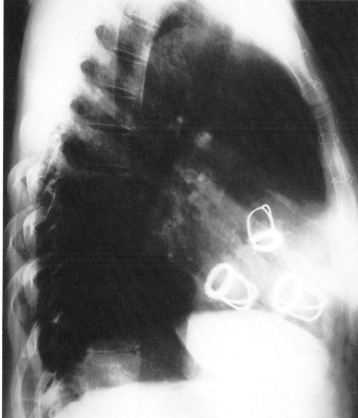

◁ Trois valvules cardiaques artificielles de Starr-Edwards ont été implantées dans le cœur de ce patient. On voit clairement sur cette radiographie le métal dense des armatures. Les billes en plastique qu'elles renferment sont à peine des ombres car elles sont moins denses comme les tissus organiques. On voit aussi les côtes et la colonne vertébrale.

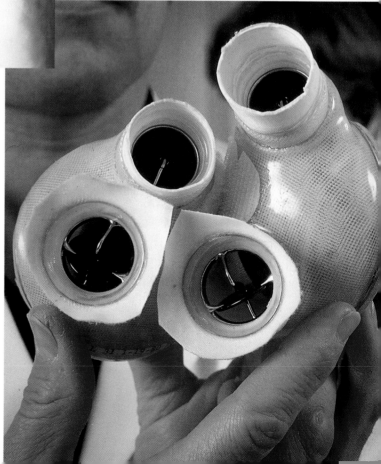

▷ Les entrées et les sorties du cœur artificiel Jarvik-7 sont gardées chacune par une valvule constituée par un disque métallique basculant. Les deux cavités tenues en main sont les ventricules (il n'y a pas d'oreillettes séparées).

Glossaire

Agglutinine: substance spécifique (anticorps) qui apparaît dans certains sérums et provoque l'agglutination soit de certains microbes, soit de globules rouges qui renferment l'agglutinogène correspondant (groupes sanguins).

Agglutinogène: substance (antigène) située à la surface des globules rouges et qui provoque leur agglutination en présence de sérum contenant l'anticorps (agglutinine) correspondant; cette réaction sert à déterminer les groupes sanguins. Il n'y a pas d'agglutinogènes dans les hématies des donneurs de sang universels (groupe O).

Angine de poitrine (crise d'): douleur violente dans la poitrine, pouvant se produire lorsque les artères nourricières du muscle cardiaque se rétrécissent et que le cœur manque d'oxygène.

Anticorps: substance, élaborée par les globules blancs, qui immobilise les organismes pathogènes de façon à faciliter leur destruction.

Antigène: substance présente sur un germe ou une autre particule étrangère qui provoque l'élaboration d'anticorps par les globules blancs.

Aorte: la plus grosse artère de l'organisme qui transporte le sang expulsé par le ventricule gauche.

Artère: un des vaisseaux à ramifications divergentes qui, partant des ventricules du cœur distribuent le sang à tout le corps.

Artériole: petite artère.

Capillaires: les vaisseaux sanguins les plus fins qui portent le sang entre les artères et les veines. Les membranes des capillaires sont très fines et peuvent être traversées par des éléments en solution.

Cathéter: tige creuse servant à explorer ou à dilater un canal, un vaisseau ou un orifice à des fins diagnostiques ou thérapeutiques.

Cholestérol: substance grasse et jaunâtre présente dans le sang. Peut former des dépôts sur les tuniques internes des artères dont elle diminue la section et, par conséquent, le flux sanguin.

Désoxyhémoglobine: hémoglobine pauvre en oxygène. Est présente dans les globules rouges quand le sang retourne au cœur après avoir cédé la majorité de son oxygène aux tissus.

Dioxyde de carbone (CO_2): gaz incolore, résidu de la combustion. Il est transporté en solution dans le sang pour être évacué par les poumons.

Électrocardiogramme: tracé obtenu par électrocardiographie, celle-ci étant l'exploration de la fonction cardiaque au moyen de la traduction graphique des phénomènes électriques se produisant au cours de la révolution cardiaque.

Érythrocyte ou hématie: globule rouge.

Fibrine: substance protidique filamenteuse, blanchâtre et élastique, qui enserre les globules du sang, de la lymphe au cours de la coagulation.

Globine: protéine formée de plusieurs polypeptides et entrant dans la composition de l'hémoglobine du sang.

Glucose: glucide très répandu dans la nature (miel, raisin, amidon), qui représente la source énergétique essentielle de l'organisme.

Groupe sanguin: type de sang fonction des agglutinogènes (antigènes) portées par les globules rouges et les agglutinines (anticorps) dans le plasma. Comprend le système ABO et le système Rhésus.

Hémoglobine: substance rouge, contenant du fer, que l'on trouve dans les globules rouges; se combine facilement à l'oxygène pour former de l'oxyhémoglobine et transporter l'oxygène dans les tissus.

Hormone: messager chimique transporté dans le sang.

Hypertension: tension artérielle trop élevée qui peut endommager le cœur, le cerveau et les reins, si elle n'est pas traitée.

Immunisé: capable de résister à l'invasion d'agents pathogènes (germes) caractéristiques d'une maladie, grâce à une vaccination.

Leucocyte: globule blanc.

Lymphe: liquide, dont les globules rouges ont été filtrés, qui est collecté et circule dans un système spécial dit lymphatique, avant de retourner dans le sang. Joue un rôle important dans la lutte contre l'infection.

Lymphocytes: globules blancs qui élaborent des anticorps par réaction à une infection.

Lymphoïde (tissu): formation de tissus dans les amygdales, les végétations adénoïdes, l'appendice et certaines parties de l'intestin qui filtrent les bactéries de la lymphe.

Myocarde: muscle strié réticulaire épais qui constitue la majeure partie de la paroi du cœur. Le myocarde joue un rôle essentiel dans la circulation du sang.

Oreillette: cavité de la partie supérieure du cœur qui reçoit le sang de l'organisme ou des poumons. Le cœur compte deux oreillettes.

Péricarde: membrane formée d'un feuillet fibreux et d'un feuillet séreux, qui enveloppe le cœur et l'origine des gros vaisseaux.

Plaquettes (ou thrombocytes): petits éléments cellulaires, en suspension dans le sang, qui contribuent à la formation de caillots dans la fermeture d'une plaie.

Polarisation: en physiologie, mécanisme par lequel sont créés deux pôles, fonctionnellement différents, dans une structure suivante (la dépolarisation est le processus inverse).

Rate: organe spongieux, faisant partie du système lymphatique. Aide l'organisme à combattre l'infection. La rate élabore également des globules rouges et des globules blancs chez les nouveau-nés.

Système Rhésus: un système de classification du sang en groupes dans lesquels un antigène, appelé facteur Rhésus (Rh), est présent sur les globules d'une personne ou en est absent.

Systole ventriculaire: contraction du ventricule pour expulser le sang dans le système circulatoire des artères.

Thrombose: formation d'un caillot dans un vaisseau sanguin ou dans une cavité du cœur chez un être vivant.

Thrombus: masse sanguine coagulée dans un vaisseau où elle détermine une thrombose.

Varice: dilatation permanente d'une veine, causée par la défaillance d'une valvule de non-retour.

Veines caves: les veines caves supérieure et inférieure sont les veines les plus larges de l'organisme. Elles ramènent le sang directement dans le cœur.

Index

PRINTED IN BELGIUM BY
proost
INTERNATIONAL BOOK PRODUCTION